Espíritu de Equipo

LOS WHITE SOX DE CHICAGO

POR
MARK STEWART

Traducido al español por Manuel Kalmanovitz
con Eduardo Narváez

Consultor de contenido
James L. Gates, Jr.
Director de la Biblioteca
Museo Nacional del Béisbol y Salón de la Fama

CHICAGO, ILLINOIS

Norwood House Press
P.O. Box 316598
Chicago, Illinois 60631

Para más información sobre Norwood House Press, por favor visítenos en nuestro sitio de internet: www.norwoodhousepress.com o llámenos al número 866-565-2900.

Todas las fotografías cortesía de AP Images—AP/Wide World Photos, Inc. con las siguientes excepciones:
F.W. Rueckheim & Brother (6 y 34 arriba derecha), Exhibit Supply Co. (7 y 39), Gum Inc. (14),
Colección del autor (16, 17 abajo, 34 arriba izquierda y abajo derecha, y 41),
Sweet Caporal (17 arriba y 20), Topps, Inc. (29, 40 y 41),
The Sporting News (34 abajo izquierda),
Bowman Gum Co. (35 izquierda), Red Heart Dog Food (43).
Agradecimiento especial a Topps, Inc.

Traductor: Manuel Kalmanovitz
Editor: Eduardo Narváez
Diseñador: Ron Jaffe
Coordinación del Proyecto: Black Book Partners, LLC.

Library of Congress Cataloging-in-Publication Data

Stewart, Mark, 1960-
  [Chicago White Sox. Spanish]
  Los White Sox de Chicago / por Mark Stewart ; traducido al español por Manuel Kalmanovitz con Eduardo Narváez ; consultor de contenido, James L. Gates, Jr.
    p. cm. -- (Espíritu de equipo)
  Summary: "Spanish edition of the Team Spirit series featuring the history, accomplishments and key personalities of the Chicago White Sox baseball team. Includes timelines, quotes, maps, glossary and websites to visit"--Provided by publisher.
  Includes bibliographical references and index.
  ISBN-13: 978-1-59953-101-4 (library edition : alk. paper)
  ISBN-10: 1-59953-101-1 (library edition : alk. paper)
 1. Chicago White Sox (Baseball team)--History--Juvenile literature. I. Gates, Jr., James L. II. Gates, Jr., James L. III. Title.
GV875.C58S8318 2007
796.357'640977311--dc22
                                                     2006035754

© 2007 por Norwood House Press.
Reservados todos los derechos.
Este libro no puede ser reproducido sin permiso por escrito de los editores.

Los White Sox de Chicago son una marca registrada de Chicago White Sox Ltd.
Este libro no está afiliado con Chicago White Sox Ltd., Major League Baseball,
o la Asociación de Jugadores de Major League Baseball.

Producido en los Estados Unidos.

FOTO DE PORTADA: Los White Sox celebran tras ganar el título de la Liga Americana en 2005.

Contenido

Capítulo	Página
Conoce a los White Sox	4
En ese entonces	6
El equipo de hoy	10
El hogar	12
Vestidos para ganar	14
¡Ganamos!	16
Los confiables	20
Fuera del campo	24
Un gran día	26
Dice la leyenda	28
Sucedió en realidad	30
Espíritu de equipo	32
Cronología	34
Hechos curiosos	36
Palabras de béisbol	38
Para la historia	40
Rastros	42
Play Ball	44
Glosario	46
Lugares para visitar	47
Índice	48

TÉRMINOS DEPORTIVOS Y VOCABULARIO: En este libro encontrarás muchas palabras que no conoces. También encontrarás palabras conocidas usadas con nuevos significados. El glosario de la página 46 explica el significado de los términos de béisbol y los significados beisboleros de palabras comunes. Estas palabras aparecen en **negrita** en el libro. El glosario de la página 47 explica el significado de las palabras que no se relacionan con el béisbol. En el libro aparecen en *cursiva negrita*.

Conoce a los White Sox

¿**H**as visto a los peloteros llegar al estadio antes de un partido? En la mayoría de las ciudades actúan como celebridades *glamorosas*. Caminan y hablan como estrellas de cine. Los White Sox de Chicago son diferentes. No sobresalen en la multitud. De hecho, se parecen mucho a los aficionados que vienen a verlos jugar.

Esos aficionados son muy importantes para los White Sox. El equipo lleva más de 100 años compitiendo por el corazón beisbolero de Chicago. Juegan con fuerza y disfrutan sus victorias tanto como la gente en las tribunas. Si juegas con los White Sox, es lo primero que aprendes: los aficionados son parte fundamental del equipo.

Este libro cuenta la historia de los White Sox. Han tenido muchos *altibajos* en su historia, pero su *fórmula* para ganar jamás ha cambiado. Cuando batean, lanzan y atrapan la bola—dejándolo todo en el diamante—por lo general las cosas resultan bien. Puede no ser la manera más glamorosa de jugar, pero así lo hacen los White Sox.

Jermaine Dye y Paul Konerko se saludan al entrar al dugout de Chicago. Ambos corredores anotaron tras un jonrón de Konerko contra los Red Sox de Boston en un partido de los playoffs de 2005.

En ese entonces...

La campaña de 1901 fue emocionante para los aficionados del béisbol en Chicago porque en ese año se inauguró una nueva liga—la **Liga Americana (A.L.)**—y su mejor equipo jugaba en la ciudad. Al principio se llamaban los White Stockings, pero no tardaron en ser conocidos como los White Sox. Su propietario era un hombre llamado Charles Comiskey, que había jugado como primera base en la década de 1880.

Al equipo de la **Liga Nacional (N.L.)** de Chicago no le gustó tener un rival y obligó a los White Sox a comprometerse a jugar lejos del centro, al lado sur de Chicago. Aún hoy éste es el hogar de los White Sox.

Los White Sox jugaban de forma emocionante. Robaban muchas bases y hacían cuantas jugadas de '**bateo y corrido**' podían. Sus lanzadores eran buenos y los jardineros aun mejores. Fueron coronados campeones al final de la primera campaña de la A.L. Con los años, esa forma de jugar le ha traído los mejores resultados.

Charles Comiskey, primer propietario de los White Sox.

Eddie Collins, uno de los mejores segunda base de la historia.

Los White Sox tuvieron algunos de los mejores peloteros a comienzos del siglo XX. Entre sus estrellas estaban Ed Walsh, Eddie Cicotte, Ray Schalk, Eddie Collins, George Davis, Fielder Jones, Oscar 'Happy' Felsch y Joe Jackson. Los White Sox ganaron la **Serie Mundial** en 1906 y 1917, pero su mejor equipo fue el que logró el banderín en 1919. Nadie podía creerlo cuando los White Sox perdieron la Serie Mundial ese otoño. Luego se descubrió que varios de sus peloteros habían jugado mal a propósito. Estos jugadores fueron expulsados de por vida del béisbol y el equipo de 1919 aún es conocido entre los aficionados como los 'Black Sox' [Medias Negras].

En los años 20s, 30s y 40s, un puñado de estrellas vistió el uniforme de Chicago, entre ellos los lanzadores Red Faber y Ted Lyons, y los bateadores Bibb Falk y Luke Appling. Pero fue en los 50s cuando los White Sox tuvieron un equipo suficientemente fuerte para volver a luchar por el banderín de la A.L. Liderados por los jugadores de

cuadro Nellie Fox y Luis Aparicio, y por los lanzadores Early Wynn y Billy Pierce, los White Sox finalmente lograron jugar la Serie Mundial en 1959, pero perdieron ante los Dodgers de Los Ángeles.

Suena increíble, pero los White Sox tardaron más de 40 años en volver a la Serie Mundial. Sin embargo, tuvieron algunos de los jugadores más sobresalientes en esa época, incluyendo a Wilbur Wood, Dick Allen, Harold Baines, Carlton Fisk, Ozzie Guillén y Frank Thomas. Aun así, siempre les hacía falta algo. Al final tuvieron que repasar una lección de su pasado para ver claramente su futuro.

ARRIBA: Harold Baines, líder de los White Sox en los 80s.
IZQUIERDA: Luis Aparicio, campocorto de los White Sox que ganaron el banderín de su liga en 1959.

El equipo de hoy

En los años 90s, los White Sox intentaron conseguir **toleteros** que les permitieran ganar con sus jonrones. Eso hacía divertidos los partidos de los White Sox, aunque a menudo eran los toleteros rivales quienes lograban los jonrones ganadores. Año tras año, Chicago veía frustrado su deseo de ganar el banderín.

Finalmente los White Sox decidieron retomar una fórmula que había funcionado en el pasado. Armaron un equipo de jugadores que se esforzaban por lograr hits y bases por bola y que no perdían la oportunidad de robarse una base. Los White Sox pusieron jugadores confiables en el campo y consiguieron lanzadores buenos e inteligentes que aprendieron a ganar partidos reñidos.

En 2005 los White Sox terminaron su campaña con el mayor número de victorias en la A.L. La gente dudaba de la efectividad de este nuevo estilo, pero derrotaron a los Red Sox y a los Angels camino a la Serie Mundial. Y tras vencer a los Astros de Houston cuatro partidos a cero, los White Sox se coronaron campeones de la Serie Mundial por primera vez desde 1917.

El receptor A.J. Pierzynski se lanza sobre el lanzador Bobby Jenks tras el out final de la Serie Mundial de 2005. El tercera base Joe Crede se acerca para unirse a la celebración.

El hogar

Los White Sox juegan en el campo U.S. Cellular, conocido por muchos aficionados como el "nuevo Comiskey Park". El estadio se inauguró el 18 de abril de 1991. Es la tercera sede que ha tenido el equipo. La primera se llamaba South Side Park y estuvo ahí hasta 1910, cuando el equipo se mudó a Comiskey Park, que al principio era conocido como el "Palacio Mundial del Béisbol", nombre que luego se cambió en honor del dueño del equipo, Charles Comiskey. Allí jugó durante 81 años.

El estadio del presente queda al otro lado de la calle del 'viejo' Comiskey Park. Parece y da la sensación de ser un estadio antiguo. La valla donde se lleva el marcador se ilumina con fuegos artificiales en las victorias importantes de los White Sox y todos los asientos del estadio ofrecen una excelente vista del campo. Los aficionados de los White Sox disfrutan de su estadio y lo demuestran celebrando tan ruidosamente como cualquier otro grupo de fanáticos del béisbol.

EL ESTADIO EN NÚMEROS
- *El estadio tiene 39,336 asientos.*
- *La distancia entre el home y el mástil de foul en el jardín izquierdo es de 330 pies.*
- *La distancia entre el home y la pared en el jardín central es de 400 pies.*
- *La distancia entre el home y el mástil de foul en el jardín derecho es de 335 pies.*
- *El estadio incluye una característica muy popular del antiguo Comiskey Park: duchas al aire libre para los días calurosos.*

Los White Sox entrenan antes del primer partido de la Serie Mundial de 2005.

Vestidos para ganar

El diseño de los uniformes de los White Sox ha tenido varios cambios desde su primera temporada. La mayoría ha tenido la palabra "Chicago", la letra C o la palabra "Sox". La primera vez que los fanáticos vieron la palabra "Sox" en su uniforme fue en 1910. El equipo usó medias totalmente blancas hasta 1946. En 1960 los White Sox fueron el primer equipo en poner los nombres de los jugadores en la espalda de sus uniformes. En 1967 el uniforme de visitante del equipo decía "Chicago White Sox", fue una de las pocas ocasiones en las que un equipo ha usado su nombre entero en el uniforme.

Durante los últimos 40 años los White Sox han experimentado con ideas divertidas. En los 60s, el equipo empezó a usar uniformes azul claro como visitantes. En los 70s llegaron a usar medias rojas durante un par de campañas. En los 80s, intentaron verse modernos con la palabra "Sox" impresa en gran tamaño en sus gorras y camisetas, y con los números en los pantalones. En los últimos años los White Sox han utilizado el negro como un color importante en sus uniformes. A los aficionados les gusta porque hace que los jugadores se vean rudos.

Taft Wright lleva el uniforme que los White Sox usaban a comienzos de los 40s.

ELEMENTOS BÁSICOS DEL UNIFORME

El uniforme de béisbol no ha cambiado mucho desde que los White Sox comenzaron a jugar. Tiene cuatro componentes principales:

- una gorra o casco con visor para el sol;
- una camiseta con el número del jugador en la espalda;
- pantalones que terminan entre el tobillo y la rodilla;
- medias ajustadas.

La camiseta a veces tiene el nombre del jugador en la espalda. El nombre del equipo, su ciudad o *logo* aparecen por lo general al frente. Los equipos de béisbol usan uniformes claros cuando juegan de locales y oscuros de visitantes.

Los uniformes hechos de *franela*, muy bolsudos, fueron la norma durante más de 100 años. La tela permitía que el sudor se evaporara y daba libertad de movimiento a los jugadores. Los uniformes del presente están hechos con telas *sintéticas* que se estiran con los jugadores y los mantienen secos y frescos.

Jon Garland lanzando con el uniforme de casa de los White Sox.

15

¡Ganamos!

Los White Sox han ganado la Serie Mundial tres veces en cien años. Fueron coronados reyes del béisbol en 1906, 1917 y 2005. Aunque el deporte cambió mucho en este período, los equipos de Chicago que ganaron estas tres Series Mundiales tenían mucho en común. Los tres tenían buenos lanzadores, una defensa alerta, corredores **agresivos** y bateadores que sobresalían bajo presión.

La Serie Mundial de 1906 fue la única en la que se enfrentaron los dos equipos de Chicago, los White Sox y los Cubs. Los Cubs habían logrado una marca con 116 triunfos en su campaña y la gente pensaba que ganarían sin problemas. El dirigente de los White Sox era Fielder Jones, un hombre que había estudiado el béisbol como si fuera una ciencia, y sabía que tenía que hacer algo inusual para derrotar a los Cubs.

Dos veces en la serie, Jones le dio la bola a un joven lanzador llamado Ed Walsh. Walsh lanzaba **spitballs**—un lanzamiento en el que la bola salía disparada de sus dedos como una semilla de sandía y aceleraba a medida

IZQUIERDA: Recuerdo de la Serie Mundial de 1906—la única vez en que White Sox y Cubs se enfrentaron por el título. **DERECHA**: Ed Walsh, el joven estrella de la serie de 1906. **ABAJO**: Red Faber, uno de los lanzadores principales en la Serie Mundial de 1907.

que se acercaba al plato. Los Cubs no pudieron contra Walsh, quien ganó dos partidos y ponchó a 17 bateadores. Ambos equipos se repartieron los otros cuatro partidos y los White Sox ganaron la Serie Mundial cuatro partidos a dos.

Los White Sox se enfrentaron a los Giants de Nueva York en la Serie Mundial de 1917. Ambos tenían buenos lanzadores y bateadores, así que no resulta sorprendente que la diferencia haya radicado en los otros jugadores defensivos. Los aficionados de Chicago celebraron cuando sus grandes estrellas—entre ellas Joe Jackson, Ray Schalk y Eddie Collins—lograron una buena jugada defensiva tras otra. Red Faber y Eddie Cicotte le dieron a los White Sox los lanzamientos que necesitaron para dejar la serie cuatro partidos a dos.

Los White Sox ganaron el banderín de la A.L. en 1919 y 1959, pero perdieron la Serie Mundial en ambas ocasiones. En 1983 ganaron la **División del Oeste** de la A.L., pero cayeron ante los Orioles de

Baltimore en la **Serie de Campeonato de la Liga Americana (ALCS)**. Los White Sox alcanzaron los playoffs de nuevo en 1993 y 2000, pero el banderín se les escapó ambas veces.

Los White Sox de 2005 finalmente alcanzaron la Serie Mundial.

Como los grandes equipos del pasado de Chicago, tenían varios lanzadores talentosos, entre ellos Mark Buehrle, Jon Garland, Freddy García, José Contreras y Bobby Jenks. También tenían excelentes jugadores defensivos como Aaron Rowand, Joe Crede y Juan Uribe. Durante todo el año el equipo avanzó gracias a hits importantes de Paul Konerko, Scott Podsednik y Jermaine Dye.

Los White Sox se enfrentaron a los Astros de Houston en la Serie Mundial en cuatro partidos muy reñidos. Chicago venció en las cuatro ocasiones, incluyendo una victoria después de 14 entradas en el tercer partido y un cuarto partido de infarto que terminó 1–0. Por tercera vez en un siglo, la vieja fórmula del éxito funcionó de nuevo: lanzamientos más defensa más hits a tiempo dieron como resultado un campeonato.

ARRIBA: Los White Sox celebran tras ganar en 2005 la Serie Mundial en Houston. **DERECHA**: José Contreras a punto de lanzar contra los Astros en la Serie Mundial de 2005.

Los confiables

Para ser una verdadera estrella del béisbol, no basta batear bien y lanzar con fuerza. Debes ser confiable, alguien a quien el dirigente quiera poner en el montículo o en la caja de bateo cuando sea necesario. Los fanáticos de los White Sox han tenido mucho que celebrar en todo este tiempo, incluyendo a estas grandes estrellas…

LOS PIONEROS

ED WALSH — Lanzador

- Nació: 5/14/1881 • Murió: 5/26/1959
- Jugó en el equipo: entre 1904 y 1916

Ed Walsh fue el primer jugador que aprendió a controlar la 'spitball', un lanzamiento difícil de hacer y casi imposible de batear. Ganó 40 partidos para los White Sox en 1908 y encabezó dos veces la A.L. en ponches. La spitball fue prohibida en 1920 por ser peligrosa para los bateadores.

EDDIE COLLINS — Segunda Base

- Nació: 5/2/1887 • Murió: 3/25/1951 • Jugó en el equipo: entre 1915 y 1926

Eddie Collins era conocido por su **ética deportiva** en una época en la que el béisbol era muy rudo. También era uno de los mejores robando bases y sus toques eran legendarios. Mientras más competitivo fuera el partido, mejor jugaba.

ARRIBA: Ed Walsh

TED LYONS   Lanzador

- Nació: 12/28/1900   • Murió: 7/25/1986   • Jugó en el equipo: entre 1923 y 1946

Ted Lyons lanzaba una recta que se movía cuando el bateador comenzaba a abanicar. Mezcló eso con un tiro de nudillos para 260 victorias.

LUKE APPLING   Campocorto

- Nació: 4/2/1907   • Murió: 1/3/1991   • Jugó en el equipo: entre 1930 y 1950

Luke Appling era un experto en conectar fouls. Bateaba hasta conectar o recibir una base por bola. Appling fue el mejor bateador en la A.L. dos veces.

MINNIE MINOSO   Jardinero

- Nació: 11/29/1922

- Jugó en el equipo: entre 1951 y 1957, 1960 y 1961, 1964, 1976, y 1980

Minnie Minoso encabezó el robo de bases en la A.L. en sus primeros tres años con Chicago y llegó al equipo **All-Star** seis veces como jugador de los White Sox.

NELLIE FOX   Segunda Base

- Nació: 12/25/1927   • Murió: 12/1/1975   • Jugó en el equipo: entre 1950 y 1963

Nellie Fox fue un gran jardinero y corredor y uno de los bateadores más difíciles de ponchar de la historia. Fue el **jugador más valioso (MVP)** de la A.L. en 1959.

LUIS APARICIO   Campocorto

- Nació: 4/29/1934   • Jugó en el equipo: entre 1956 y 1962, y entre 1968 y 1970

Luis Aparicio era un excelente jardinero y un corredor atrevido. Encabezó la A.L. en bases robadas durante sus primeras siete campañas con Chicago.

ESTRELLAS MODERNAS

HAROLD BAINES Jardinero/Bateador Designado

- Nació: 3/15/1959
- Jugó en el equipo: entre 1980 y 1989; 1996 y 1997, y 2000 y 2001

Harold Baines fue el primer seleccionado en el **sorteo de talento** de béisbol de 1977 y dio muchas buenas temporadas a los White Sox. Fue el primer jugador de los White Sox en conectar 20 jonrones al año durante seis años seguidos. Su especialidad era batear con otros jugadores en base.

CARLTON FISK   Receptor

- Nació: 12/26/1947   • Jugó en el equipo: entre 1981 y 1993

Cuando Carlton Fisk llegó a los White Sox a los 33 años, muchos aficionados pensaron que le quedaban pocas temporadas buenas. Llevó al equipo a un título de división en 1983 y siguió con el equipo otras 10 temporadas. Fisk conectó más de 200 jonrones con Chicago.

OZZIE GUILLÉN   Campocorto

- Nació: 1/20/1964   • Jugó en el equipo: entre 1985 y 1997

Ozzie Guillén fue uno de los jugadores más populares y emocionantes del equipo. Encontraba formas de ganar juegos que no siempre se notaban en sus estadísticas, pero nadie dudaba de su valor para el equipo. Más tarde, como dirigente, Guillén llevó a Chicago a ganar el campeonato.

ARRIBA: Harold Baines   **DERECHA ARRIBA**: Frank Thomas
DERECHA ABAJO: Paul Konerko

FRANK THOMAS — Primera Base/ Bateador Designado

- Nació: 5/27/1968
- Jugó en el equipo: entre 1990 y 2005

Frank Thomas llegó a los White Sox en 1990 y no tardó en convertirse en el mejor bateador en la historia del equipo. Tuvo promedios superiores a .300 en ocho años seguidos y fue elegido más valioso de la A.L. en 1993 y 1994.

MARK BUEHRLE — Lanzador

- Nació: 3/23/1979   • Primer año con el equipo: 2000

Cuando Mark Buehrle llegó a la **rotación de abridores** de Chicago en 2001 le dio a los White Sox un lanzador en quien podían confiar cada vez que subía al montículo. Buehrle fue el primer titular en ganar un partido de la Serie Mundial y lograr un **partido salvado** en el siguiente.

PAUL KONERKO — Primera Base

- Nació: 3/5/1976
- Primer año con el equipo: 1999

Paul Konerko demostró que los chicos buenos terminan de primeros al ayudarle a los White Sox a ganar la Serie Mundial de 2005. Trajo un bate poderoso y un gran sentido del humor al equipo en 1999 y no tardó en convertirse en un líder en el dugout de Chicago.

Fuera del campo

Los White Sox han sido guiados por algunos de los hombres más listos del béisbol. Charles Comiskey, su primer propietario, fue uno de los hombres más poderosos en la Liga Americana durante muchos años. Bill Veeck fue otro propietario de los White Sox que sabía cómo poner buenos jugadores en el campo y cómo entretener a los fanáticos en sus asientos.

Los White Sox han tenido muchos dirigentes buenos, incluyendo a Fielder Jones, Clarence 'Pants' Rowland, William 'Kid' Gleason, Jimmie Dykes, Paul Richards, Tony La Russa, Jeff Torborg y Jerry Manuel. Uno de los mejores fue Al López, quien logró el banderín de 1959. López había sido receptor y era un experto en hacer brillar a sus lanzadores.

En 2004, los White Sox contrataron a Ozzie Guillén como dirigente. Era uno de los jugadores más queridos en la historia del equipo. Cuando Guillén hizo que el equipo se concentrara en lanzar y defender, en vez de lograr jonrones, muchos aficionados se preguntaron si sabía lo que hacía. Un año después tuvieron la respuesta, cuando los White Sox ganaron la Serie Mundial.

Ozzie Guillén trajo entusiasmo e inteligencia beisbolera a los White Sox.

Un gran día

23 DE OCTUBRE DE 2005

Cuando los White Sox derrotaron a los Astros de Houston 5 a 3 en el primer partido de la Serie Mundial de 2005, los jugadores estaban felices. Pero el mánager Ozzie Guillén no quería que sus jugadores se emocionaran demasiado, porque los Astros eran peligrosos y los White Sox necesitaban mantener la concentración para ganar el segundo partido y controlar la serie.

Los Astros se esforzaron por empatar la serie. Ganaban 5 a 2 en la séptima entrada del segundo partido, cuando los White Sox llegaron al bate. Juan Uribe y Tadahito Iguchi llegaron a base y luego Jermaine Dye recibió base por golpe y las bases se llenaron. El siguiente bateador, Paul Konerko, vio el lanzamiento que quería y conectó un **grand-slam**. Chicago se adelantó 6 a 5, pero Houston empató al comienzo de la novena.

Al final de la novena, Scott Podsednik llegó al plato por los White Sox. Era uno de los jugadores más veloces del equipo, pero no era muy fuerte. De hecho, no había conectado un jonrón en toda la campaña. El lanzador de Houston, Brad Lidge, quería que

Scott Podsednik descifra una recta de Brad Lidge y conecta el hit ganador del segundo partido.

bateara un globito, para que no pudiera sacar provecho de su velocidad.

Lidge lanzó un tiro por el medio. Podsednik abanicó y le dio en el punto justo. Se fue al fondo del jardín central y por un momento parecía que Lidge había ganado la batalla. Pero la bola siguió más allá, atravesó la barrera y se convirtió en el jonrón de la victoria.

Podsednik no podía creerlo. Sonrió como un muchacho corriendo entre las bases y saltó a los brazos de sus compañeros que lo esperaban en el plato de home. Los White Sox ganaron 7 a 6 y terminaron quedándose con la Serie Mundial.

Espíritu de equipo

Cuando los White Sox ganaron la Serie Mundial de 2005, jugaban en Houston, Texas. Pero eso no impidió las celebraciones de los aficionados en Chicago. Miles de personas, muchos con lágrimas en sus ojos, salieron a la calle a celebrar la ansiada victoria de su equipo. Cuando has esperado 80 años para ganar un campeonato, está permitido llorar.

La fiesta más grande de la ciudad fue en el United Center, un estadio de baloncesto y hockey. Miles de fanáticos se reunieron ahí a ver el partido por televisión. Al dejar el estadio voltearon a ver la estatua de Michael Jordan, la estrella del baloncesto, y sonrieron. ¡Alguien le había puesto una camiseta de los White Sox!

En el lado sur de Chicago, los aficionados se encontraron frente al estadio para celebrar. La fiesta callejera duró tanto que uno de los celadores tuvo que rogarles que se fueran. Durante horas las campanas de la Iglesia de la Natividad de Nuestro Señor resonaron al ritmo de "Go Go Go White Sox"—el tema del equipo de Chicago que ganó el banderín en 1959.

Los White Sox son recibidos con confeti en el desfile de celebración de su campeonato de 2005.

Cronología

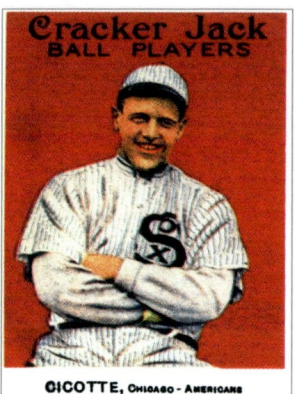

Eddie Cicotte, uno de los jugadores que 'vendieron' la Serie Mundial de 1919.

1901
El equipo gana el primer banderín de la Liga Americana.

1919
Ocho jugadores de Chicago participan en un **complot** de apostadores para perder la Serie Mundial.

Eddie Collins

1917
Eddie Collins lidera a los White Sox que derrotan a los Giants de Nueva York en la Serie Mundial.

1925
Ted Lyons encabeza la A.L. con 21 victorias y cinco **blanqueadas**.

Ted Lyons

1959
Los White Sox ganan el banderín, pero pierden contra los Dodgers de Los Ángeles en la Serie Mundial.

Minnie Minoso

Frank Thomas

1980
El dirigente Minnie Minoso, de 57 años, es activado por el equipo y juega dos partidos.

1994
Frank Thomas es nombrado jugador más valioso por segunda vez seguida.

1976
Los White Sox usan uniformes nuevos que incluyen shorts.

1983
Los White Sox ganan su primer título de división.

2005
Los White Sox derrotan a los Astros de Houston y ganan la Serie Mundial.

Tadahito Iguchi y Jermaine Dye celebran tras anotar en el tercer partido de la Serie Mundial de 2005.

Hechos curiosos

SIN HITS EN CHICAGO

Los White Sox de 1906 ganaron el campeonato a pesar de un promedio de bateo de .230 y apenas siete jonrones. Les pusieron el apodo de 'las maravillas sin hits'.

FUERA DE CONTROL

En 1979 los White Sox les pidieron a sus aficionados que trajeran los acetatos de música disco que más odiaran. Planeaban hacerlos explotar entre los partidos de una **doble jornada**. Pero llegó tanta gente a la 'Noche de demolición de discos' que no pudieron controlar las multitudes y los White Sox perdieron el segundo partido, porque fue **confiscado**.

¡NOS ATACAN!

Cuando los White Sox ganaron el banderín en 1959, Bob Quinn, el comisionado de bomberos, ordenó hacer sonar las **sirenas** de la ciudad para celebrar. Desafortunadamente, ¡miles de personas creyeron que se trataba de un ataque nuclear!

FEOS PERO BUENOS

Hay muchas formar de ganar un partido de béisbol, algunas de ellas muy elegantes. Los White Sox de 1983 tuvieron 99 victorias, pero muy pocas de ellas vinieron en partidos llenos de lanzamientos hermosos o de dramáticos jonrones. Simplemente jugaban más duro que sus rivales y no descansaban hasta el out final. Como lo dijo un mánager, Chicago "ganaba feamente". Ese fue el nuevo grito de batalla del equipo para ganar su primer banderín de la división Oeste de la A.L.

SOX JÓVENES, SOX VIEJOS

En 1956, Jim Derrington de 16 años, lanzó para los White Sox en un partido. Fue el lanzador más joven en la historia de la liga. En 1976 y 1980 el equipo activó a su adorado coach, Minnie Minoso. Eso convirtió a Minoso (quien tenía 57 años en 1980) en el único hombre en haber jugado en cinco *décadas*: los 40s, 50s, 60s, 70s y 80s.

IZQUIERDA: Los aficionados en la 'Noche de demolición de Disco'.
ARRIBA: LaMarr Hoyt, el lanzador estrella de los White Sox en 1983.
DERECHA: Los entrenadores de los White Sox observan al joven Jim Derrington.

37

Palabras de béisbol

Mark Buehrle

"Sólo salgo, lanzo strikes y le doy a mi equipo la posibilidad de ganar".
—*Mark Buehrle, sobre el secreto de ser un lanzador exitoso*

"No creo que nadie haya disfrutado jugar más que yo".
—*Nellie Fox, explicando por qué jugaba tan intensamente todo el tiempo.*

"Tener **paciencia** es más fácil decirlo que hacerlo. Pero si puedes aguantar, el lanzador eventualmente te trae un regalo".
—*Frank Thomas, sobre esperar un buen lanzamiento para batear*

"No puedes dejarte impresionar por ningún equipo. Si lo haces, serás un mal jugador".
—*Luke Appling, sobre enfrentarse a un rival talentoso*

"Trabaja en lo que amas y hazlo sin reservas. Ya sea en los negocios o en el béisbol o en el teatro o en lo que sea. Si no amas lo que haces y no puedes hacer tu mejor esfuerzo, renuncia".
—*Al López, sobre cómo elegir una carrera*

Luke Appling

Para la historia

Los grandes equipos y jugadores de los White Sox han dejado sus huellas en los libros de récords. Estos son los 'mejores de los mejores'.

Nellie Fox

Dick Allen

LOS PREMIADOS DE LOS WHITE SOX

GANADOR	PREMIO	AÑO
Luis Aparicio	Novato del año*	1956
Nellie Fox	Jugador más valioso	1959
Early Wynn	Premio Cy Young**	1959
Gary Peters	Novato del año	1963
Tommie Agee	Novato del año	1966
Dick Allen	Jugador más valioso	1972
LaMarr Hoyt	Premio Cy Young	1983
Ron Kittle	Novato del año	1983
Tony La Russa	Dirigente del año	1983
Ozzie Guillén	Novato del año	1985
Jeff Torborg	Dirigente del año	1990
Jack McDowell	Premio Cy Young	1993
Frank Thomas	Jugador más valioso	1993
Frank Thomas	Jugador más valioso	1994
Jerry Manuel	Dirigente del año	2000
Ozzie Guillén	Dirigente del año	2005
Jermaine Dye	Más valioso de la Serie Mundial	2005

*El premio al novato del año se otorga al mejor jugador en su primer año en la liga.
**El Premio Cy Young se otorga anualmente al mejor lanzador de la liga.

LOGROS DE LOS WHITE SOX

LOGRO	AÑO
Campeones de la A.L.	1901
Campeones de la A.L.	1906
Campeones de la Serie Mundial	1906
Campeones de la A.L.	1917
Campeones de la Serie Mundial	1917
Campeones de la A.L.	1919
Campeones de la A.L.	1959
Campeones de la A.L.	2005
Campeones de la Serie Mundial	2005

ARRIBA: Ozzie Guillén en su primera campaña con los White Sox.
DERECHA: Fielder Jones, con las famosas medias blancas, habla con Frank Chance, dirigente de los Cubs, y con los árbitros antes de un partido de la Serie Mundial de 1906.

Rastros

La historia de un equipo de béisbol está compuesta de muchas historias pequeñas que tienen lugar en todo el mapa—no sólo en la ciudad del equipo. Relaciona las señales en el mapa con los hechos del equipo y podrás tener una buena idea de la historia de los White Sox.

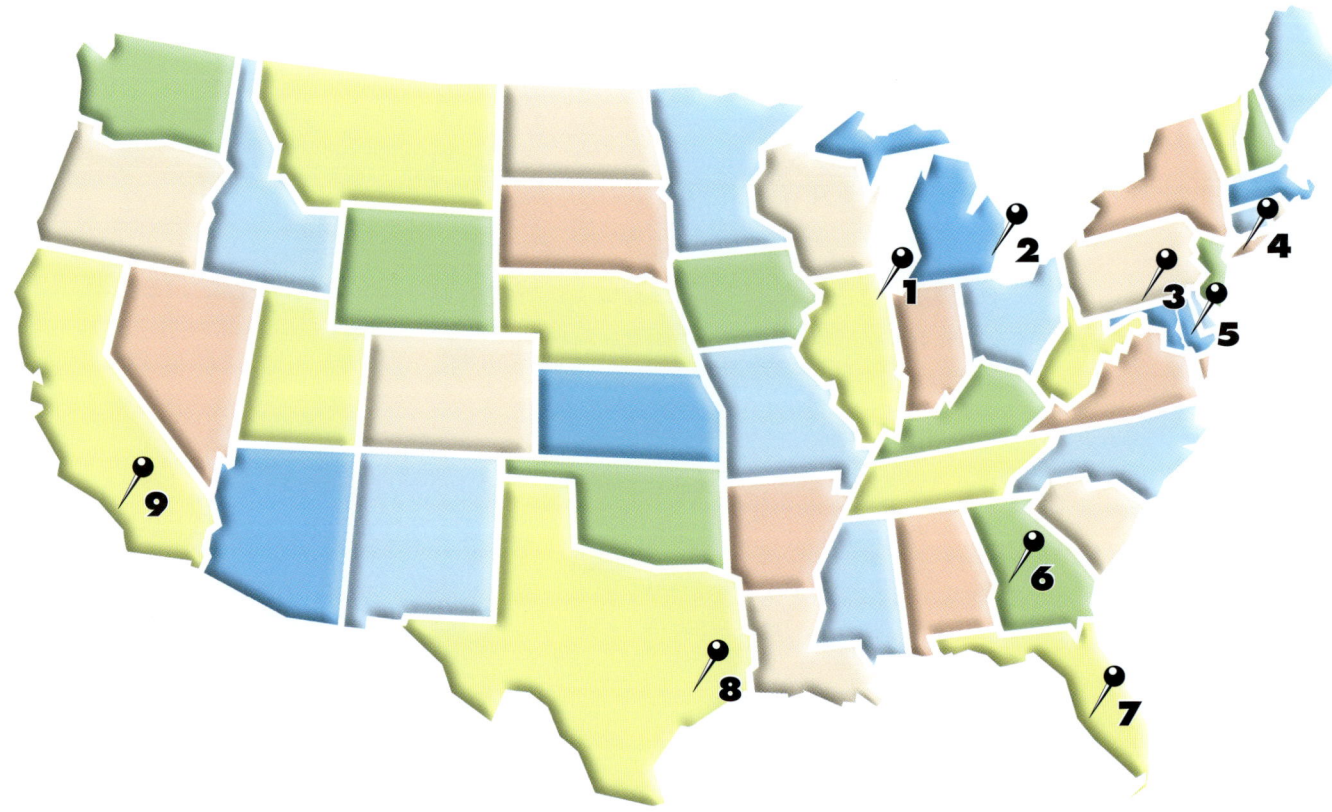

HECHOS DEL EQUIPO

1 Chicago, Illinois—*Lugar donde los White Sox han jugado desde 1901.*
2 Detroit, Michigan—*Lugar donde nació Billy Pierce.*
3 St. Thomas, Pennsylvania—*Lugar donde nació Nellie Fox.*
4 Nueva York, Nueva York—*Lugar donde los White Sox ganaron la Serie Mundial de 1917.*
5 Easton, Maryland—*Lugar donde nació Harold Baines.*
6 Columbus, Georgia—*Lugar donde nació Frank Thomas.*
7 Tampa, Florida—*Lugar donde nació Al López.*
8 Houston, Texas—*Lugar donde los White Sox ganaron la Serie Mundial de 2005.*
9 Valencia, California—*Lugar donde nació Jon Garland.*
10 Tokyo, Japan—*Lugar donde nació Tadahito Iguchi.*
11 Ocumare del Tuy, Venezuela—*Lugar donde nació Ozzie Guillén.*
12 Las Martinas, Cuba—*Lugar donde nació José Contreras.*

Billy Pierce

43

Play Ball

El béisbol es un deporte jugado por dos equipos a lo largo de nueve entradas. En cada una de ellas, los equipos tienen un turno al bate y otro en el campo. El turno al bate termina cuando el equipo llega a tres outs. Los bateadores en el equipo que batea tratan de llegar a base. Los jugadores de campo en el equipo contrario tratan de evitar que lo logren.

En béisbol, el lanzador controla la bola. El lanzador debe tirar la bola al bateador que decide si abanicar o no cada lanzamiento. Si abanica y no le pega a la bola, se llama strike. Si deja pasar un buen lanzamiento y no le pega, también es strike. Si el bateador le pega, pero la bola no queda en el territorio demarcado (entre las líneas en forma de 'v' que se unen en el plato de home), se llama 'foul' y cuenta como strike. Si el lanzador tira tres strikes, el bateador queda out. Si tira cuatro bolas malas antes de eso, el bateador avanza a primera base. Esto se conoce como 'base por bola'.

Cuando el bateador abanica y le pega a la bola, la actividad comienza. Si uno de los jugadores en el campo atrapa la bola antes de que toque el piso, el bateador queda out, o también si la atrapa después de rebotar y la manda a primera base antes de que llegue el bateador. Si el bateador llega a primera, se le cuenta como hit. Y los hits tienen varios nombres: si alcanza primera con su batazo se llama sencillo; si llega a segunda se llama doble; a tercera, triple, y un batazo de cuatro bases se llama jonrón.

Los corredores en base sólo están a salvo mientras toquen las bases. Si los atrapan entre bases, los jugadores contrarios pueden tocarlos con la bola para lograr un out. Un bateador que recorra todas las bases y vuelva al plato de home antes de que sus rivales hayan marcado tres outs, consigue una carrera. El equipo con más carreras después de nueve entradas gana.

Cualquiera que haya jugado béisbol (o softball) sabe que es un deporte complejo. Cada jugador tiene una tarea que hacer y cada uno tiene sus fortalezas y debilidades. Los lanzadores, bateadores y dirigentes toman cientos de decisiones en cada partido. Mientras más juegues y veas béisbol, más cosas podrás notar. La próxima vez que estés en un partido, ponle atención a estas jugadas:

LISTA DE JUGADAS

DOBLE JUGADA—Una jugada en la que el equipo en el campo logra hacer dos outs en un solo batazo. Por lo general sucede cuando hay un corredor en primera y el bateador le pega rastrero y hacia uno de los jugadores de cuadro. El corredor es sacado en segunda y la bola es lanzada a la primera base antes de que llegue el bateador.

BATEO Y CORRIDO—Jugada en la que el corredor en primera base corre a segunda en el momento mismo en que el lanzador comienza a lanzar. Cuando el segunda base o el campocorto van hacia la base a esperar el tiro del receptor, el bateador trata de batear hacia el hueco dejado atrás. Si el bateador abanica y no le pega, los jugadores contrarios pueden sacar al corredor tocándolo con la bola.

BASE INTENCIONAL—Jugada en la que el lanzador hace cuatro lanzamientos malos a propósito, dándole la base por bola al bateador. Esto sucede cuando el lanzador prefiere enfrentar al bateador que le sigue y está dispuesto a tomar el riesgo de tener un corredor en base.

TOQUE DE SACRIFICIO—Jugada en la que el bateador hace un out a propósito para que uno de sus compañeros pueda avanzar a la siguiente base. Con un 'toque' el bateador trata de frenar la bola, en vez de abanicarle.

ATRAPADA DE ZAPATO—Una jugada en la que un jardinero atrapa un hit corto a una o dos pulgadas del piso, cerca a la parte alta de sus zapatos. No es fácil correr tan rápido como puedas y bajar tu guante sin disminuir de velocidad. Además, puede ser arriesgado. Si un jardinero se equivoca en una atrapada de zapato, la bola puede seguir rodando hasta la cerca.

Glosario

TÉRMINOS DEL BÉISBOL QUE DEBERÍAS SABER

ALL-STAR— Jugador elegido para participar en el Juego de Estrellas de béisbol.

BANDERÍN—Campeonato de una liga. El término se originó con la bandera triangular que se otorga a cada campeón de la temporada, desde la década de 1870.

BATEO Y CORRIDO—Jugada realizada por un equipo al bate (ver página 45).

BLANQUEADA—Partido en donde un equipo no permite anotaciones a su rival.

DIVISIÓN DEL OESTE—Grupo de equipos (dentro de una liga) que juega en la parte oeste del país. Los White Sox estaban en la A.L. Oeste de 1969 a 1992, y han estado en la A.L. Central desde 1993.

DOBLE JORNADA—Dos partidos en un día, jugados con una breve pausa entre los dos. Cuando se inició el béisbol, la mayoría de los equipos jugaban doble jornada los domingos.

ÉTICA DEPORTIVA—Buen comportamiento que se debe tener al jugar un deporte o juego.

GRAND SLAM—Jonrón con las bases llenas.

JUGADOR MÁS VALIOSO (MVP)— Premio que se otorga cada año al mejor jugador de una liga; también se otorga al mejor de la Serie Mundial y del Juego de Estrellas.

LIGA AMERICANA (A.L.)—Una de las dos grandes ligas. La A.L. comenzó en 1901.

LIGA NACIONAL (N.L.)—La más antigua de las ligas mayores. La Nacional comenzó en 1876.

PARTIDO CONFISCADO—Partido perdido por romper las reglas.

PARTIDO SALVADO—Estadística para los lanzadores relevistas, cuando logran el out final y ganan un partido reñido.

PLAYOFFS—Serie de partidos que se juegan después de la campaña regular para determinar los equipos que irán a la Serie Mundial.

ROTACIÓN DE ABRIDORES—Grupo de lanzadores que se turnan para iniciar los partidos de su equipo.

SERIE DE CAMPEONATO DE LA LIGA AMERICANA (ALCS)—Serie que determina cuál de los equipos de la A.L. jugará en la Serie Mundial.

SERIE MUNDIAL—Serie de campeonato jugada entre los ganadores de la Liga Nacional y la Liga Americana.

SORTEO DE TALENTO—Reunión anual en la que los equipos de béisbol se turnan para elegir a los mejores jugadores universitarios y de secundaria.

SPITBALL—Lanzamiento con dedos resbalosos, que hace un giro repentino al acercarse al plato de home. La spitball fue prohibida en 1920.

TOLETERO—Bateador poderoso.

OTRAS PALABRAS QUE DEBERÍAS CONOCER

AGRESIVO—Que actúa de forma arriesgada o fuerte.

ALTIBAJOS—Grandes variaciones.

COMPLOT—Trato secreto entre varias personas.

DÉCADAS—Períodos de 10 años.

FRANELA—Tela suave de lana o algodón.

FÓRMULA—Manera establecida de hacer algo.

GARABATO—Trazo que no puede entenderse.

GLAMOROSO—Emocionante, seductor, sofisticado.

INAUGURAL—Que abre o inaugura algo.

LOGO—Símbolo o diseño que representa a una compañía o a un equipo.

MANIOBRA PUBLICITARIA—Acto poco común, raro, hecho para llamar la atención del público.

PACIENCIA—Capacidad de esperar con calma.

SIRENAS—Parlantes que hacen un ruido intenso, por lo general se usan para alertar a la gente sobre algún peligro.

SINTÉTICO—Hecho en un laboratorio, inexistente en la naturaleza.

TRADICIONAL—Hecho de la misma forma desde hace generaciones.

Lugares para visitar

EN LOS ESTADOS UNIDOS

U.S. CELLULAR FIELD
333 West 35th Street
Chicago, Illinois 60616
(312) 674-1000

MUSEO Y SALÓN DE LA FAMA DEL BÉISBOL
25 Main Street
Cooperstown, New York 13326
(888) 425-5633
www.baseballhalloffame.org

EN LA INTERNET

LOS CHICAGO WHITE SOX   www.losWhiteSox.com
- *para saber más sobre los White Sox*

LIGAS MAYORES DEL BÉISBOL   www.mlb.com
- *para saber sobre los equipos en las mayores*

LIGAS MENORES DEL BÉISBOL   www.minorleaguebaseball.com
- *para saber sobre las ligas menores*

EN LOS ESTANTES

Para aprender más sobre el deporte del béisbol, busca los siguientes libros en tu biblioteca o librería:

- Perea Rosero, Tucídides. *Béisbol*. Santa Fé de Bogotá: Editorial Panamericana, 1993.
- Suen, Anastasia. *La historia del béisbol*. Rosen Publishing Group, 2003.
- Nuñez B., Bernardo. *Grandes momentos de las ligas mayores en el siglo XX*. Jefferson, NC: McFarland & Company, 2004.

Índice

LAS PÁGINAS EN **NEGRITA** SE REFIEREN A ILUSTRACIONES.

Agee, Tommie 40	Kittle, Ron 40
Allen, Dick 9, 40, **40**	Konerko, Paul **4**, 18, 23, **23**, 26
Aparicio, Luis **8**, 9, 21, 28, 40	LaRussa, Tony 25, 40
Appling, Luke 7, 21, 39, **39**	Lidge, Brad 26, 27
Baines, Harold 9, **9**, 22, **22**, 43	López, Al 25, 39, 43
Buehrle, Mark 18, 23, 29, 38, **38**	Lyons, Ted 7, 21, 34, **34**
Chance, Frank **41**	Manuel, Jerry 25, 40
Cicotte, Eddie 7, 17, **34**	McDowell, Jack 40
Collins, Eddie 7, **7**, 17, 20, 34, **34**	Minoso, Minnie 21, 35, **35**, 37
Comiskey, Charles 6, **6**, 13, 25	Nicholson, Dave 31
Comiskey Park 13	Noche de demolición de discos ... 36, **36**
Contreras, Jose 18, **19**, 43	Osinski, Dan 31
Crede, Joe **10**, 18	Peters, Gary 40
Davis, George 7	Pierce, Billy 9, 43, **43**
Derrington, Jim 37, **37**	Pierzynski, A.J. **9**
Drabowski, Moe **31**	Podsednik, Scott 18, 26, 27, **27**
Dunahue, Mark 29	Quinn, Bob 36
Dye, Jermaine **4**, 18, 26, **35**, 40	Richards, Paul 25
Dykes, Jimmy 25	Rivera, Jim 29, **29**, 31
Faber, Red 7, 17, **17**	Rodríguez, Alex 29
Falk, Bibb 7	Rowand, Aaron 18
Felsch, Oscar 'Happy' 7	Rowland, Clarence 'Pants' 25
Fisk, Carlton 9, 22	Schalk, Ray 7, 17
Fox, Nellie ... 9, 21, 28, 38, 40, **40**, 43	Skowron, Bill **31**
García, Freddy 18	South Side Park 13
Garland, Jon **15**, 18, 43	Thomas, Frank 9, 23, **23**,
Gleason, William 'Kid' 25	35, **35**, 39, 40, 43
Guillén, Ozzie 9, 22, **24**, 25,	Torborg, Jeff 25, 40
26, 40, **41**, 43	U.S. Cellular Field **12**, 13
Hoyt, LaMarr **37**, 40	United Center 33
Iguchi, Tadahito 26, **35**, 43	Uribe, Juan 18, 26
Jackson, Joe 7, 17	Veeck, Bill 25, 28, 30, 31, **31**
Jenks, Bobby **10**, 18	Walsh, Ed 7, 16, 17, **17**, 20, **20**
Jones, Fielder 7, 16, 25, **41**	Wood, Wilbur 9
Jordan, Michael 33	Wright, Taft **14**
Kennedy, John F. 29	Wynn, Early 9, 40

48

El equipo

MARK STEWART ha escrito más de 25 libros sobre béisbol y más de 100 libros deportivos para niños. Creció en Nueva York en los años 60, apoyando a los Yankees y los Mets, y ahora lleva a sus dos hijas, Mariah y Rachel, a los mismos estadios. Mark viene de una familia de escritores. Su abuelo era editor dominical del *New York Times* y su madre era editora de artículos de *Ladies Home Journal* y *McCall's*. Mark ha  hecho cientos de perfiles de atletas en los últimos 20 años. También ha escrito varios libros sobre Nueva York y Nueva Jersey, donde reside ahora. Mark se graduó en la Universidad de Duke, con un título en historia. Vive con sus hijas y su esposa, Sarah, en Sandy Hook, NJ.

JAMES L. GATES, JR. Ha sido el director de la biblioteca del Salón de la Fama del Béisbol Nacional desde 1995. Antes había trabajado en bibliotecas académicas durante casi 15 años. Tiene títulos de Belmont Abbey College, la Universidad de Notre Dame y la Universidad de Indiana. Durante su carrera, Jim ha escrito varios  artículos académicos y ha sido editor de varios libros, revistas y publicaciones de museos, y actualmente es el anfitrión del simposio anual de Cooperstown sobre béisbol y cultura estadounidense. Es un fanático ardiente de los Orioles de Baltimore y disfruta de ver béisbol con su esposa y sus dos hijos.

MANUEL KALMANOVITZ nació en Bogotá, donde creció viendo fútbol y apoyando el Santa Fe, un ilustre equipo perdedor. De vacaciones a veces iba a Barranquilla, a visitar la familia paterna, y ahí vio por primera vez un partido de béisbol que lo emocionó aunque no pudo entenderlo del todo. Ha traducido varios libros con Mark Stewart y también ha hecho traducciones para los programas deportivos de la cadena HBO. Vive en Nueva York desde 2001.